WOHLFAHRT
Sixty Etudes
for Violin, Op. 45
BOOK I

SHARP

Das Erlernen des Violinspiels hat für die jungen Schüler seine ganz besonderen Schwierigkeiten, welche oft die Ursache sind, dass die anfangs vorhandene Lust und Liebe nach kaum begonnenem Unterrichte schwindet. In solchen Fällen ist das Publikum nur zu leicht geneigt, die Schuld dem betreffenden Lehrer beizumessen, nicht daran denkend, dass der Schüler vor Beginn des Unterrichts gar keinen Begriff von dem dabei nöthigen Lernen und fleissigen Ueben hat, auch noch nicht weiss, dass jede höhere Stufe nur durch beharrliches Studium erklommen werden kann. Desswegen ist es eine Hauptsache, diesen Unterricht dem Schüler so leicht und angenehm als nur möglich zu machen, was mein Hauptaugenmerk bei Ausarbeitung meiner bei R. Forberg in Leipzig erschienenen Violinschule sowie der vorliegenden Etuden war. Letztere betrachte man als Fortsetzung der genannten Schule, und fleissig, gründlich studirt, werden dieselben nicht nur den ganzen Unterricht erleichtern, sondern auch eine solide Grundlage der Virtuosität bilden.

Apprendre à jouer le violon a pour les jeunes écoliers des difficultés particulières qui sont bien souvent cause, que l'envie et le plaisir qui existent au commencement disparaissent quand à peine les études ont commencé. En de tels cas le public est incliné trop facilement de rejeter la faute sur le maître relatif sans penser qu'avant le commencement des leçons l'écolier n'a pas d'idée de l'application et de l'exercise assidu qui y sont necessaires et qu'il ne sait non plus qu'on ne peut atteindre un dégré plus haut que par des études continues. C'est pourquoi la chose principale est de faciliter les enseignements et de les rendre aussi agréables que possible; c'est ce qui a été mon dessein principal tant dans la composition de mon "Ecole de Violon" publiée chez R. Forberg à Leipzig que dans les Etudes présentes. Qu'on veuille considérer celles - ci comme continuation de l'Ecole de Violon mentionnée plus haut lesquelles assidument étudiées ne faciliteront non seulement toute l'étude, mais encore elles formeront aussi une base solide pour la virtuosité.

Learning to play the violin is mostly attended with peculiar difficulties for young pupils. These difficulties often cause the first eagerness for study to subside very soon, long before the rudiments are conquered. The public are but too apt to ascribe this abatement of enthusiasm to the incapacity or neglect of the teacher; quite forgetting the fact that the pupils before beginning such an arduous study had no idea of the obstacles awaiting them, nor of the amount of steady practising required of them. Therefore everything should be done to render this task as easy and pleasant as possible to young pupils; and it was with this view that I wrote my "School for the Violin," published by R. Forberg in Leipzig together with the "Etudes" I hereby present to the public. The latter work may be considered a continuation of the "School for the Violin." Diligently and thoroughly studied these two works will certainly afford a good basis of execution to the future Virtuoso.

ETUDEN.

⊓ Herunterstrich. | ⊓ *Tirez l'archet.* | ⊓ Down bow.
V Hinaufstrich. | V *Poussez l'archet.* | V Up bow.

Franz Wohlfahrt, Op. 45. Book 1.

Nº 1. Allegro moderato.

Published by Carl Fischer, New York

4

Auch **bei der zweiten, dritten**
und siebenten Etude benutze
man die vor Etude I stehen-
den Stricharten.

*Qu'on se serre a la seconde,
troisième et septieme Etude de la
même manière de mener l'archet
comme dans l'Etude Ire*

In the second, third and sev-
enth Etude the same way of
playing with the bow that has
been indicated at the head of
the first Etude is to be used.

№ 2. Allegro moderato.

№ 3. Moderato.

No 4. Allegretto.

No 5. Moderato.

№ **6.** Moderato.

№ **7.** Allegro moderato.

No 8. Largo.

No 9. Allegretto.

№ 10. Moderato.

№ 11. Moderato.

Nº 12. Allegro.

№ **13.** Moderato.

№ **14.** Allegro non tanto.

№ **15.** Allegro.

Nº **16.** Moderato.

Nº **17.** Moderato assai.

Nº 18. Allegro.

Bei den letzten **3** Takten behalte man immer dieselbe Strichart bei.

Qu'on se serre toujours de la même manière de mener l'archet aux trois dernières mesures.

In the last three bars is to be used the same way of playing with the bow.

Nº **19.** Moderato.

Nº **20.** Allegro.

ri - te - nu - to   a tempo

ri - te - nu - to   a tempo

molto   ri - te - nu - to

№ **21.** Allegro.

Nº 22. Allegro.

18

№ **23.** Moderato.

1559 – 22

Nº 24. Moderato assai.

Nº 25. Allegro. Bowing exercise to develop the flexibility of the wrist.

No 28. Allegretto.

Nº **29.** Moderato.

No. 30. Allegro.